Meditatives Bogenschießen in der Natur

Für Yanu und Manui.

Haringke Fugmann

Meditatives Bogenschießen in der Natur

Traditionelles europäisches Bogenschießen
und keltisch-christliche Schöpfungsspiritualität

in Bibelauslegungen und
meditativen Impulsen

Mit Fotos von Carolin Kurz-Fugmann

Bibliografische Information der Deutschen Nationalbibliothek

Die Deutsche Nationalbibliothek verzeichnet diese Publikation in der Deutschen Nationalbibliografie; detaillierte bibliografische Daten sind im Internet über dnb.d-nb.de abrufbar.

© 2013 Haringke Fugmann
Herstellung und Verlag: Books on Demand GmbH, Norderstedt
Fotos: Carolin Kurz-Fugmann
Satz: Carolin Kurz-Fugmann und Haringke Fugmann

ISBN 9783732234417

Inhalt

Einführung

„Der wahre Bogenschütze betritt, wenn er nach draußen geht, ein Land der subtilen Freude. Der Tau funkelt auf den Blättern, die Drossel singt im Gebüsch, der Wind weht sanft und die ganze Natur heißt ihn willkommen [...]. Mit seinem Bogen in der Hand, seinen Pfeilen, die leise im Köcher rascheln, einem Horn auf dem Rücken und einem Hund an den Fersen – was kann sich ein Mann noch mehr vom Leben wünschen?" [Eigene Übertragung.] Mit diesen Worten hat Saxton Pope, einer der berühmtesten US-amerikanischen Bogenschützen des 20. Jahrhunderts, in seinem Buch „Hunting with the Bow and Arrow" (1923) seine Naturerfahrung beim Bogenschießen eindrücklich beschrieben.

Wer ähnliche Erfahrungen in der Natur gemacht hat und sich darüber hinaus für die spirituelle Dimension der Schöpfung interessiert, kann in der keltisch-christlichen Tradition und ihrer Ehrfurcht vor der Natur fündig werden. Ein zeitgenössischer Theologe, der diese Tradition in einzigartiger Weise erschlossen hat, und aus dessen Buch „The Book of Creation. An Introduction to Celtic Spirituality" (1999) ich im Folgenden mit seiner Genehmigung immer wieder indirekt zitieren werde, ist J. Philip Newell. Das vorliegende Buch ist eine Auseinandersetzung mit dieser Tradition, ist der Versuch, damit als Bogenschütze in einen Dialog einzutreten.

In der keltisch-christlichen Spiritualität, wie sie sich seit dem 4./5. Jahrhundert auf den britischen Inseln entwickelt hat, gibt es eine positive Sensibilität und Freude für die und an der Schöpfung. Dabei beruft sich dieser Zweig christlicher Frömmigkeit im Kern auf die Mystik des Johannesevangeliums: Weil alle Dinge durch das Wort Gottes entstanden sind (wie es in Joh 1, 1-3 heißt), ist alles Leben, sind alle Lebewesen gleichsam „Ausdruck" oder „Äußerung" Gottes. Man könnte sagen: Alles was lebt, wurde von Gott „ins Leben gesprochen". Und weil es von Johannes (dem Jünger Jesu) heißt, dass er beim letzten Abendmahl an der Brust Jesu gelegen habe (Joh 21, 20), dass er also den „Herzschlag Gottes" gehört habe, wurde Johannes in der keltisch-christlichen Tradition zum Vorbild dafür, in besonderer Weise auf Gottes Herzschlag in uns und in der Schöpfung zu hören und zu achten. Von hier aus erklärt sich die hohe Wertschätzung, die der Schöpfung in der keltisch-christlichen Spiritualität entgegen gebracht wurde und wird.

Heute sind es v. a. die bekannten keltischen Segenssprüche, die wir mit dieser schöpfungszugewandten Spiritualität verbinden. Aber die Verbindungen mit der keltischen Spiritualität sind historisch gesehen weitaus älter, immerhin waren es iroschottische Missionare, die die Germanen christianisierten (man denke an den Hl. Kilian von

Würzburg, den Hl. Korbinian von Freising oder an Ruprecht von Salzburg, den Apostel der Bayern) und damit auch in spiritueller Hinsicht prägten.

Heute empfinden viele Menschen das Bedürfnis, ihr Leben und ihre Spiritualität mit der Schöpfung in Einklang zu bringen. Verschiedene geistliche Übungswege bieten sich dafür an. Im Folgenden wird beschrieben, wie das Bogenschießen uns dabei helfen kann, in Kontakt mit uns selbst, mit der Schöpfung und mit Gott zu treten. Dabei lernen wir wieder, das zu pflegen, was unsere Seele heute so dringend braucht: Das Bewusstsein der Verbundenheit mit dem Schöpfer und mit der Schöpfung. Das Bogenschießen, wie es hier zur Sprache kommt, versteht sich dabei als geistlicher Übungsweg europäischer Prägung innerhalb des großen Spektrums christlicher Frömmigkeit, als Ausdruck christlicher Freiheit und menschlicher Anmut.

Die keltisch-christliche Spiritualität hat immer darum gewusst, dass man Gott nicht finden kann, indem man sich aus dem Leben zurückzieht und sich in religiösen Enklaven versteckt. Im Gegenteil: Gott lässt sich dort finden, wo wir uns bewusst dem Alltag aussetzen. Selbstverständlich haben Zeiten der spirituellen Übung und der Meditation ihr Recht – aber sie dienen lediglich dazu, uns auf das wirkliche Leben und auf die Begegnung mit Gott „dort draußen" vorzubereiten. Was läge also näher, als dass wir Gott auch „dort draußen" suchen, dass wir als im Glauben gerechtfertigte Bogenschützen Pfeil und Bogen zur Hand nehmen und uns auf die sinnliche Begegnung mit der Schöpfung, mit dem „Ausdruck Gottes" einlassen?

Noch ein paar Hinweise zum Aufbau des Buches: In Teil 1 geht es gleichsam um die Basis des Meditativen Bogenschießens, d. h. um den Schussablauf selbst. Er wird hier allerdings nicht eingehend erläutert (siehe dazu: Haringke Fugmann, Meditatives Bogenschießen. Traditionelles europäisches Bogenschießen als geistlicher Übungsweg und Lebenshilfe, 2012), sondern in seiner meditativen Dimension und im Blick auf das Leben erschlossen und meditiert.

In solcher Weise auf den Schuss vorbereitet, wenden wir uns in Teil 2 des Buches dem Wechselspiel von Schöpfungsspiritualität einerseits und Bogenschießen andererseits zu. Dabei orientieren wir uns an folgender dialogischer Struktur: Zuerst erschließen wir in einer „Auslegung" die keltisch-christliche Deutung der biblischen Passagen zu den sieben Schöpfungstagen, dann lassen wir uns von biblischen Worten zur Meditation über jeden Schöpfungstag anregen. Soweit zur Auseinandersetzung mit der biblischen Tradition. Darauf folgt der Perspektivenwechsel hin zum Bogenschießen: In einem dritten Abschnitt mit der Überschrift „Schöpfungsmeditation" beschreibe ich typische Erfahrungen beim Bogenschießen in der freien Natur, jeweils mit Bezug zu bekannten Bibelstellen. Im vierten Abschnitt („Beim Bogenschießen") schließlich biete ich meditative Impulse an, die sich zur Beschäftigung beim Schießen selbst eignen.

Alle Bibeltexte, die in diesem Buch verwendet werden, sind der Übersetzung nach Martin Luther (revidierte Fassung von 1984) entnommen.

Teil 1

Meditation des Schussablaufs

Stand

Das Wichtigste beim Bogenschießen ist der Stand.
Noch bevor ich an den Schuss selbst denke, stehe ich.

Beide Füße stehen fest auf dem Boden.
Ich fühle den festen Untergrund, der mich trägt.
Ich spüre mein Gleichgewicht.
Ich bin im Gleichgewicht mit mir selbst.

Ich stehe aufrecht.
Mit Würde und Anmut.
Vielleicht wie ein König oder eine Königin.

Zugleich fühle ich Dankbarkeit.
Ich kann nur deshalb aufrecht stehen, weil einer mich aufgerichtet hat.
Würde und Anmut verdanke ich nicht mir selbst.
Ich verdanke sie meinem Schöpfer.

Ich stehe fest, verwurzelt in meinem Glauben.
Ich bin mit mir selbst im Gleichgewicht, weil mein Glaube mich hält.

Einnocken

Beim Einnocken des Pfeils geschieht weitaus mehr
als vordergründig zu sehen ist.
Während ich die Nocke des Pfeils auf die Sehne ziehe,
bereite ich mich innerlich auf den Schuss vor.

Ich schaue auf den Pfeil, nehme ihn wahr.
Ich nehme eine Verbindung damit auf.

Dann weitet sich mein Blick.
Was sehe ich noch?
In welchem Umfeld steht das Ziel?

Schließlich kehrt meine Aufmerksamkeit zu mir selbst zurück.
Ich spüre in meinen Körper hinein.
Stehe ich gut?
Liegt der Bogen richtig in meiner Hand?
Liegt die Nocke des Pfeils gut in der anderen?
Bin ich bereit für den Schuss?

Bereit sein für das, was kommt – das ist eine hoher Wert.
In unserer Zeit ist es ein Luxus,
wenn man sich die Zeit nehmen kann,
Dinge in Ruhe vorzubereiten.

Ausziehen und Halten

Beim Auszug des Bogens brauche ich die Kraft meiner Muskeln.
Die Rückenmuskulatur hilft mir, Haltung zu bewahren.
Ohne Körperspannung würde ich in mich zusammenfallen.

Für jede Kraft gibt es eine Gegenkraft.
Je stärker ich den Bogen spanne,
desto stärker stemmt er sich mir entgegen.
Wie stark bin ich?
Es reizt mich, meine Kräfte mit dem Bogen zu messen.

Viele Menschen haben wenig Zutrauen in die eigene Kraft.
Beim Bogenschießen stellt sich die Erkenntnis ein:
Ich bin viel stärker als ich dachte!

Aber es gilt auch, den Bogen zu halten.
Dabei wehrt sich der Bogen. Er *will jetzt* schießen.
Nur wer bereit ist, diese Spannung für einen Moment auszuhalten,
kann den Pfeil auf eine weite Reise schicken.

Kraft aufbauen,
Spannung aufbauen,
Gegenkräfte aushalten,
Spannung aushalten.
Das sind die Grundelemente des Schusses.
Es sind die Grundelemente des Lebens.
Es sind die Grundelemente des Glaubens.

Lösen und Nachhalten

Der wichtigste Moment beim Bogenschießen ist das Loslassen.
Das richtige Loslassen entscheidet darüber, ob der Pfeil trifft oder nicht.

Wer kann richtig loszulassen?
Wer Angst davor hat, verreißt den Schuss.
Wer nicht loslassen kann, verliert zunehmend seine Kraft.

Der Moment des Loslassens ist ein Moment des Gerichts.
Jeder Fehlschuss offenbart mein Versagen.
Aber: Der Einzige, der über mich richtet, bin ich selbst!

Loslassen muss man lernen.
Nach einigen Tausend Wiederholungen wird es leichter.

Und schließlich kommt das Unscheinbarste:
Es gilt, den Schuss nachzuhalten.
Noch einen kurzen Moment dabei sein,
noch nicht gleich ablassen.

Im Nachhalten feiern wir den Augenblick.
Wir halten inne.
Wir ehren damit all jene flüchtigen Momente, die uns so unwichtig erscheinen
und aus denen doch der größte Teil unseres Lebens besteht.

Sind das nicht Momente der Gnade?
Jene kurzen Augenblicke, in denen niemand etwas von uns erwartet.
Nicht einmal wir selbst.

Teil 2

Schöpfungsspiritualität und Bogenschießen

Der erste Tag:

Licht

Im Anfang schuf Gott Himmel und Erde.

Und die Erde war wüst und leer, und es war finster auf der Tiefe;

und der Geist Gottes schwebte auf dem Wasser.

Und Gott sprach: Es werde Licht! Und es ward Licht.

Und Gott sah, dass das Licht gut war.

Da schied Gott das Licht von der Finsternis

und nannte das Licht Tag und die Finsternis Nacht.

Da ward aus Abend und Morgen der erste Tag.

(1. Mose 1,1-5)

Auslegung

Die keltisch-christliche Spiritualität wird von der fundamentalen Gewissheit getragen, dass das Licht Gottes – und damit Gottes Güte und Barmherzigkeit –, das am ersten Tag der Schöpfung von der Finsternis geschieden wurde, im Herzen aller Lebewesen zu finden ist. Immerhin heißt es in Joh 1, 9: „Das war das wahre Licht, das alle Menschen erleuchtet, die in diese Welt kommen." Allen Lebewesen ist dieses Licht Gottes ins Herz gegeben. Die ganze Schöpfung lebt und existiert einzig und allein, weil sie von Gottes Licht durchstrahlt wird.

Gott zeigt sich in allem, was ist. Dennoch sind wir oft nicht in der Lage, Gott in den Dingen zu erkennen. Das Licht Gottes durchflutet zwar die Welt, doch es geht weit über das hinaus, was wir verstehen oder auch nur erahnen können. Es ist gewissermaßen ein Licht, das uns so sehr blendet, dass es uns den Verstand verdunkelt. Darum spricht die keltische Tradition vom Licht Gottes sogar als von der Dunkelheit Gottes. Und das bedeutet wiederum: Nicht nur im Schönen und Guten zeigt sich Gott, sondern auch im Hässlichen und im Schlimmen – in den Blumen ebenso wie in den mythischen Seeungeheuern. Darum lädt die keltisch-christliche Tradition uns dazu ein, gerade die hässliche, schmerzhafte, graue Seite der Wirklichkeit mit dem inneren Auge des Glaubens zu betrachten und zu erkennen: in allen Dingen strahlt Gottes Licht.

Wer mit diesen Augen durchs Leben geht, ist von Gott begnadet. In der keltischen Tradition wird diese Gnade Gottes mit dem Regen verglichen, der den Schmutz und den Staub von den Dingen abwäscht, so dass ihre Schönheit und Güte wieder neu erstrahlen können. Gottes Gnade bewirkt, dass das Licht Gottes wieder aus uns hervorleuchtet.

Die Erlösung der Schöpfung von der Dunkelheit der Sünde und der Gottesferne kann darum aus Sicht der keltischen Spiritualität nur so gelingen, dass das Licht im Herzen der Schöpfung durch Gottes Gnade befreit wird, so dass wir wieder mit dem Licht Gottes in uns in Verbindung kommen. Darum darf man Gottes Schöpfungswerk einerseits und sein Erlösungswerk andererseits nicht voneinander trennen. Beides gehört letztlich zusammen und ist dasselbe: Die Gnade Gottes verbindet uns mit dem Licht des Lebens, so wie es seit Anbeginn der Schöpfung vorgesehen war.

Impuls für die Meditation

In der Meditation werden wir uns bewusst, dass tief in uns drin – unberührt von unserem Scheitern und von unserer Begrenztheit – dass tief in unserem Herzen Gottes Licht wohnt.

Wir suchen uns einen Ort (möglichst in der Natur), an dem wir ungestört beten und meditieren können. Wir nehmen eine Haltung ein, in der wir eine Weile lang bleiben können. Unsere Meditation verläuft in drei Phasen:

1. Zunächst besinnen wir uns auf unseren Atem.
Beim Einatmen sprechen wir: „Sende dein Licht und deine Wahrheit",
beim Ausatmen: „dass sie mich leiten zu deiner Wohnung." (vgl. Psalm 43,3).

2. Nachdem wir eine Weile lang geatmet und meditiert haben, lassen wir Erinnerungen an Licht und an helle Augenblicke ins Bewusstsein steigen.

3. Schließlich gehen wir dazu über, in der Stille zu Gott zu beten. Danach folgt als Abschluss der Meditation ein Vaterunser.

Nach der Meditation bietet es sich an, sich in der Gruppe auszutauschen.

Schöpfungsmeditation: Die Flügel der Morgenröte

Noch in der Dunkelheit mache ich mich an einem klaren Morgen im Sommer auf den Weg. Mein Ziel ist ein kleiner Berg in der Nähe meines Wohnortes. Hier will ich den Sonnenaufgang betrachten.

Als ich am Fuß des Berges ankomme, ist die Nacht vorgerückt. Der Himmel ist zwar noch schwarz und die Sterne funkeln noch gut sichtbar am Firmament, aber von Osten her erhellt schon ein zaghafter Schimmer den Horizont. Ich schultere meinen Köcher, nehme meinen Bogen in die Hand und mache mich an den Aufstieg, einen kleinen steinigen Weg hinauf. Während ich unterwegs bin, wird der Lichtstreifen im Osten immer kräftiger. Langsam verblassen die Sterne, obgleich die Sonne noch nicht zu sehen ist.
Dann schiebt sich die Sonne millimeterweise über die Bergkuppen am Horizont nach oben. Links und rechts von ihr erleuchtet sie den Himmel; zunächst in zartem Rosa, dann mit ihrem feurigen Rot. Als ich dieses Bild sehe, kommt mir ein Bibelwort aus Psalm 139, 9+10 in den Sinn: „Nähme ich Flügel der Morgenröte und bliebe am äußersten Meer, so würde auch dort deine Hand mich führen und deine Rechte mich halten."

Mich überkommt ein Schauder, als ich diese Worte leise vor mich hin spreche. Ist es die Kühle der Morgenstunde? Oder ist es die Ehrfurcht, die ich verspüre, als mir klar wird: Vor unzähligen Generationen hat ein großer Dichter einen ähnlichen Augenblick mit diesen berührenden Worten festgehalten. Und er hat die Szene gut beobachtet: Mit ein wenig Fantasie sieht das herrlich goldene Licht, das links und rechts der Sonne den Himmel erleuchtet, tatsächlich wie „Flügel" der Sonne aus. Als wäre die Sonne ein großer, leuchtender Vogel, der Tag für Tag dort auf den Bergspitzen am Ende des Horizonts seine Flügel ausbreitet und sich anschickt, über den Himmel zu gleiten.

„Nähme ich Flügel der Morgenröte und bliebe am äußersten Meer", heißt es im Psalm. Von Israel aus, wo der begnadete Dichter dieser Worte vermutlich gelebt hat, liegt das Meer im Westen, während die Sonne im Osten aufgeht. Vermutlich ging es ihm also darum, den Weg der Sonne von ihrem Aufgang bis zu ihrem Untergang poetisch in Worte zu fassen: „Nähme ich Flügel der Morgenröte und bliebe am äußersten Meer" – das heißt so viel wie: „Vom Morgen bis zum Abend". Den ganzen Tag also weiß sich der Psalmbeter von Gottes Hand getragen und geführt. Das Licht der Sonne wird ihm zum Zeichen für Gottes Gegenwart in seinem Leben, und dieses Bewusstsein gibt ihm Sicherheit und Trost.

Während ich dort oben auf dem Berg stehe und den Sonnenaufgang bestaune, empfinde ich es ganz ähnlich: Das Licht der Sonne wird mir zum Zeichen der Gegenwart Gottes.

Ich nehme einen Pfeil aus meinem Köcher und lege ihn in die Sehne ein. Seit Urzeiten und in vielen Kulturen gilt der Pfeil, der den Bogen verlässt, als Mittel der Kommunikation mit dem Transzendenten. Wenn der Pfeil in den Himmel fliegt, dann überbringt er gleichsam das Gebet des Schützen an die Gottheit. So blicke ich der aufgehenden Sonne entgegen, und während ich den Bogen spanne und den Pfeil über die ganze Länge ausziehe, spreche ich leise jene Worte aus Psalm 139, die mich so tief berühren: „Nähme ich Flügel der Morgenröte und bliebe am äußersten Meer, so würde auch dort deine Hand mich führen und deine Rechte mich halten." Und während mein Blick dem Pfeil folgt, der lautlos über den Himmel gleitet, spreche ich leise: „Amen".

Beim Bogenschießen

Achte beim Bogenschießen auf das Licht.
Ist der Himmel bewölkt oder kannst Du die Sonne sehen?
Wie wirkt das Licht auf Dich?
Wo fallen Schatten?
Kannst Du das Ziel sehen?

Kann Gottes Licht in Dir strahlen oder ist es verdunkelt?
Wo ist Dein Schatten und was lehrt er Dich?
Kannst Du sehen, worauf Dein Leben abzielt?

Sei Dir bewusst,
dass das Licht Gottes, welches die Schöpfung am Leben erhält, auch in Dir scheint;
dass Du von Gott erschaffen wurdest;
dass sich das Gute in Dir danach sehnt, offenbar zu werden.

Der zweite Tag:

Unbändigkeit

Und Gott sprach:
Es werde eine Feste zwischen den Wassern,
die da scheide zwischen den Wassern.
Da machte Gott die Feste
und schied das Wasser unter der Feste
von dem Wasser über der Feste.
Und es geschah so.
Und Gott nannte die Feste Himmel.
Da ward aus Abend und Morgen der zweite Tag.

(1. Mose 1, 6-8)

Auslegung

Am zweiten Tag errichtete Gott nach der Vorstellung der antiken Menschen die Feste des Himmels. Man kann das hier verwendete hebräische Wort auch als „Kuppel" übersetzen, dann wird der Sinn des Verses noch klarer: Gott errichtet eine feste Kuppel, die das Wasser oberhalb der Kuppel (das beim Regen durch die Schleusen des Himmels zur Erde fällt) vom Wasser unterhalb der Kuppel (das wir in Form von Flüssen, Seen und Meeren kennen) trennt.

Mitten in diesen „Wassern" Gottes, mitten im Schoß der Fruchtbarkeit Gottes, erschafft Gott das Leben – wie in einem geschützten Bereich in Raum und Zeit. Die Schöpfung wird gewissermaßen in die Wasser des göttlichen Lebens hineingepflanzt, wie es in der keltischen Tradition heißt. Aber noch ist dieser Schutzbereich ein wilder Raum; noch gibt es keine Pflanzen oder Tiere. Nur die bloßen Elemente sind da: Erde und Luft, Feuer und Wasser – und sie werden wie von einem großen Wind durcheinandergewirbelt. Noch bestaunen wir das schöpferische Chaos, die Unordnung der Elemente, aus denen später die Schöpfung zusammengesetzt wird.

In der keltisch-christlichen Tradition gibt es eine große Sensibilität und Ehrfurcht vor dieser Unbändigkeit und Wildheit Gottes, vor Gottes Unordnung und Chaos. Wie die Natur selbst ist auch Gott letztlich unzähmbar. Das hatte direkte und sichtbare Konsequenzen für die Frömmigkeit der keltischen Christen: Weil Gott unzähmbar ist, kann man den wahren Gottesdienst nicht in vier Wänden feiern; und darum kann der christliche Glaube auch nicht auf bestimmte religiöse Traditionen beschränkt werden. Viel passender schien es zu sein, Gott an besonders wilden, außergewöhnlichen Orten unter freiem Himmel zu verehren (auf Waldlichtungen, an Felsformationen, in Höhlen, an Quellen oder auf Klippen) – und zwar auch in einer Weise, die man als wild und unbändig bezeichnen könnte.

Auch in unserer Zeit gibt es Augenblicke, in denen wir die Kraft dieser Wildheit erfahren können, in denen uns Sehnsüchte, Gefühle und kreative Impulse überwältigen. Wenn es uns gelingt, sie in eine produktive Richtung zu lenken, können daraus kreative künstlerische Werke, große Taten der Barmherzigkeit oder ein starkes Engagement für Gerechtigkeit entstehen.
Leider tendieren viele Menschen heute eher dazu, diesen inneren Drang zur Wildheit zu bändigen oder zu unterdrücken – weil er unbequem ist, weil er Angst macht oder weil er

nicht kontrollierbar ist. Das Problem ist nur: Wenn wir die Unbändigkeit Gottes in uns und in der Schöpfung verleugnen und unterdrücken, verwandeln sich die unruhigen schöpferischen Elemente in uns in destruktive Kräfte. Und das wiederum führt entweder zur Apathie (zum Tod der Leidenschaft) oder zu einer Explosion von Gewalt.

Der Wildheit Ausdruck zu verleihen bedeutet nicht, den eigenen Willen ohne Rücksicht auf andere auszuleben und deren Bedürfnisse zu ignorieren. Es geht eher darum, dem inneren Gesetz der Wildheit zu folgen, das Gott tief in uns hineingepflanzt hat. Über Jesus Christus gibt es in der Bibel übrigens mehrere Zeugnisse dafür, dass er seine Wildheit ausgelebt hat. So heißt es z. B. in Lk 12, 49: „Ich bin gekommen, ein Feuer anzuzünden auf Erden; was wollte ich lieber, als dass es schon brennte!" So spricht keiner, der seine Wildheit und die Kraft der Elemente in seiner Seele verleugnet!

Impuls für die Meditation

In der Meditation werden wir uns bewusst, dass Gott seine Wildheit tief in unser Herz hineingepflanzt und seiner Schöpfung mit auf den Weg gegeben hat. Diese Wildheit ist die Voraussetzung für jede Kreativität. Ihr Ausdruck zu verleihen – möglichst an einem Ort in der freien Natur – kann als eine Form des Gottesdienstes verstanden werden.

Wir suchen uns einen Ort zum Beten und Meditieren. Eine besondere Sitzhaltung brauchen wir nicht. Unsere Meditation verläuft in drei Phasen:

1. Zunächst besinnen wir uns auf unseren Atem. Während wir atmen, wiederholen wir einen Bibelvers aus Psalm 104. Beim Einatmen sprechen wir: „ Du fährst ...", beim Ausatmen: „... auf den Fittichen des Windes." (Vers 3).

2. Nachdem wir eine Weile lang geatmet und meditiert haben, lassen wir Imaginationen und Erinnerungen an Wind und Wildheit in uns aufsteigen.

3. Schließlich gehen wir dazu über, in der Stille zu Gott zu beten. Danach folgt als Abschluss der Meditation ein Vaterunser.

Nach der Meditation bietet es sich an, sich in der Gruppe auszutauschen.

Schöpfungsmeditation: Wie ein Blatt im Wind

An einem Herbsttag begebe ich mich zu einer Wiese, die am Abhang eines Hügels liegt. Die Bäume am Waldrand leuchten weithin sichtbar mit ihren bunten Blättern. Die Wiese ist gemäht, das Heu eingefahren, die Grasstoppeln ragen wie kleine Pfeile in den Himmel. Nachdem ich mich ein wenig orientiert und das Gelände überblickt habe, nehme ich einen Pfeil aus meinem Köcher, nocke ihn ein und bereite mich auf den Schuss vor. Ich schließe meine Augen. Heute geht es mir nicht darum, ein bestimmtes Ziel zu treffen. Heute will ich mich einfach am Flug der Pfeile erfreuen – und nebenbei herausfinden, wie weit mein neuer Bogen wirft.

So schicke ich den ersten Pfeil in den Himmel. In einem Winkel von ca. 45° steigt er in die Höhe, bis er kaum noch vor dem herbstlichen Himmel zu erkennen ist, um schließlich in einer weiten Parabel wieder zur Erde zurückzukehren, mit einem dumpfen Geräusch in den Boden einzuschlagen und dort stecken zu bleiben. Dem ersten Pfeil folgende fünf weitere – sechs Pfeile habe ich heute dabei.
Während ich unterwegs bin, um die Pfeile wieder einzusammeln, versuche ich, die geschossene Distanz abzuschätzen. Etwa 120 bis 130 m dürften es sein. Die Pfeile sind schön gruppiert, sie stehen aufrecht im Gras.

Als ich zur Abschussstelle zurückgehe, erhebt sich ein Wind. Zuerst sehe ich, wie das Laub der Bäume in Bewegung gerät. Die Blätter rascheln, einige werden vom Wind fortgerissen und tanzen über die Wiese. Dann kann ich den Wind selbst spüren – er kommt von der Seite. Wie wird sich der Wind auf den Flug meiner Pfeile auswirken?

In früheren Zeiten, als das Bogenschießen militärisch von Bedeutung war, bestand der Unterschied zwischen einem guten und einem herausragenden Schützen u.a. in der Fähigkeit, das Schießen an die jeweiligen Wetterverhältnisse anpassen zu können: Wirklich erfahrene Bogenschützen wussten, wie bei Regen, Nebel, Gegen-, Seiten- oder Rückenwind und bei unterschiedlichem Terrain zu schießen ist, um das Ziel dennoch zu treffen. Solches Expertenwissen erwirbt man nicht durch Bücher; auch nicht, indem man in der Halle oder auf dem Schießstand bei Sonnenschein seine Pfeile auf eine Scheibe schießt. Solche Erfahrungswerte können nur durch jahrelanges Training in der freien Natur erworben werden.

Von solcher Kompetenz bin ich weit entfernt. Für mich ist diese Situation mit Seitenwind eine Herausforderung! Also lasse ich es darauf ankommen. Ich nocke einen Pfeil ein, ziele auf die gleiche Stelle wie beim ersten Durchgang und lasse den ersten Pfeil fliegen. Tatsächlich driftet er, wie zu erwarten war, nach links ab. Etwa zehn Meter weiter links als vorher bleibt er in der Erde stecken. Beim nächsten Schuss versuche ich das Abdriften des Pfeils auszugleichen, indem ich weiter nach rechts ziele. Nachdem ich die restlichen vier Pfeile auf den Weg geschickt habe, stelle ich fest: In früheren Zeiten hätte ich gewiss nicht zu den herausragenden Bogenschützen gezählt! Zu groß ist die Streuung meiner Pfeile, zu klein meine Erfahrung im Umgang mit dem Einfluss des Windes auf den Pfeilflug bei solchen Weitschüssen. So merke ich: Der Wind hat mein eigenes Selbstbild (eines einigermaßen guten Schützen), hat die Gewohnheit meines Bogen-Alltags (auf dem Bogenplatz auf Scheiben zu zielen) ziemlich durcheinander gewirbelt. Er hat meine Sicherheit, mit der ich glaubte, ein Ziel treffen zu können, sozusagen „davongeweht". In gewisser Weise hat er mich Demut gelehrt.

Während ich diesen Gedanken nachhänge, fällt mir dazu eine Stelle aus dem Alten Testament ein. Sie stammt aus dem Buch Hiob. Hiob – das ist jener erfolgreiche und zugleich fromme Großgrundbesitzer, der nach und nach alles verliert: Seinen Besitz, seine Familie und schließlich seine Gesundheit – und der am Ende mit seinem Gott hadert und streitet, weil er sich keiner Schuld bewusst ist und sich sein großes Unglück nicht erklären kann.
Um seine missliche Lage in Worte zu fassen, nimmt Hiob an einer Stelle Bezug auf den Wind. Zu Gott gerichtet sagt er: „Du hebst mich auf und lässt mich auf dem Winde dahinfahren und vergehen im Sturm." (Hiob 33,22) Vielleicht kann man sich dazu vor seinem inneren Auge ein Herbstblatt vorstellen, das vom Sturmwind davon gerissen wird. Ebenso klein, unbedeutsam und vergänglich fühlt sich Hiob in diesem Augenblick. Später wird Hiob begreifen, dass er ganz und gar nicht wertlos ist; dass das Leben uns einfach zuweilen schwer zusetzt und dass es in solchen Situationen das Beste ist, sich selbst und das eigene Leben realistisch (also ohne die Verzerrungen der eigenen Eitelkeit) einzuschätzen.

Was wir von Hiob lernen können ist die Einsicht, dass unser Wert als Mensch nicht von unserem Hab und Gut, von unserem sozialen Umfeld oder von unserer Gesundheit abhängt, sondern dass er darauf gegründet ist, ein Geschöpf Gottes zu sein.

Der Wind, der meine Pfeile abdriften lässt, meint es also vielleicht sogar gut mit mir. Er will mich nicht klein machen, sondern er lehrt mich Demut. Das ist ein großer Unterschied: Er stellt nicht meinen Wert in Frage, sondern er zeigt mir, dass ich manchmal gut daran tue, mich selbst realistisch zu sehen, d. h. meinen Schwächen, Fehlern usw. ins Auge zu sehen; und dass ich meinen Wert als Mensch besser nicht darüber definiere, ob ich reich, schön, gesund oder erfolgreich bin bzw. wie gut ich meine Pfeile ins Ziel setzen kann. So gesehen macht der Wind zwar vielleicht mein Ego kleiner, dafür aber meine Seele größer.

Beim Bogenschießen

Achte beim Bogenschießen auf den Wind.
Woher kommt er?
Wie stark oder sanft bläst er?
Wie beeinflusst der Wind den Flug Deines Pfeils?

Spürst Du den Wind in Dir,
der die Elemente Deiner Seele aufwirbelt?
Wohin treibt er dich?
Wie beeinflusst er Dich?

Achte auf die Wildheit und das Chaos der Schöpfung.
Sei Dir bewusst,
dass sich jeder schöpferische und kreative Prozess der Wildheit verdankt.
Erinnere Dich daran,
dass sich Gottes Wildheit und Schöpfungsmacht in Dir ausdrücken möchte;
dass Du das Potential in Dir hast, etwas zu erschaffen oder zu zerstören
– je nachdem, ob Du Deine kreative Bestimmung annimmst oder nicht.

Der dritte Tag:

Gedeihen

Und Gott sprach:

Es lasse die Erde aufgehen Gras und Kraut,

das Samen bringe,

und fruchtbare Bäume auf Erden,

die ein jeder nach seiner Art Früchte tragen, in denen ihr Same ist.

Und es geschah so.

Und die Erde ließ aufgehen Gras und Kraut,

das Samen bringt, ein jedes nach seiner Art,

und Bäume,

die da Früchte tragen, in denen ihr Same ist, ein jeder nach seiner Art.

Und Gott sah, dass es gut war.

Da ward aus Abend und Morgen der dritte Tag.

(1. Mose 1, 11-13)

Auslegung

Am dritten Tag erschafft Gott die Erde und die Pflanzen – und damit zugleich Stabilität und Fruchtbarkeit. Wenn der Evangelist Johannes schreibt, dass die ganze Schöpfung durch Gottes Wort ins Dasein gerufen wurde (Joh 1, 1-3), dann ist die ganze Schöpfung gleichsam eine „Aussage" Gottes – eine überbordende, überfließende Äußerung der Fruchtbarkeit und der Verlässlichkeit Gottes.

Gottes Güte ist das Wesen der Schöpfung, ihre Essenz. Ohne seine Güte gäbe es keine Fruchtbarkeit, kein Leben. Das Böse ist so gesehen gleichbedeutend mit der Zerstörung des Lebens. Dennoch glauben wir, dass die Güte Gottes stärker ist und tiefer reicht.

Wie können wir uns der Fruchtbarkeit des Bodens und der Güte Gottes stärker bewusst sein? Eine ganz einfache Möglichkeit besteht darin, die Schuhe auszuziehen und barfuß zu sein. Seine Schuhe auszuziehen ist von alters her eine spirituelle Übung. In der Bibel wird erzählt, dass Mose seine Schuhe auszog, als er dem Engel des Herrn im brennenden Dornbusch begegnete (2. Mose 3). In der keltischen Tradition gilt jedes Fleckchen Erde als heilig, denn die Fruchtbarkeit und Güte, die von Gott kommt, kann überall erfahren werden.
Oft vergessen wir heute, dankbar für das zu sein, was die Erde uns schenkt. Also müssen wir heute neue Wege finden, um uns wieder mit allen unseren Sinnen mit der Schöpfung zu verbinden. Wir könnten damit beginnen, öfter barfuß zu gehen.

Das Bewusstsein und die Dankbarkeit für Gottes Fruchtbarkeit tut unserer Seele gut. Aber dieses Bewusstsein für die Fruchtbarkeit Gottes hatte in der keltisch-christlichen Spiritualität immer auch soziale und politische Konsequenzen: Wenn Gottes Güte allen Menschen gilt, dann sollte der Überfluss des Bodens ebenfalls für alle Menschen zugänglich sein – nicht nur für die Reichen. Auch Gottes Gnade – die sich nach keltischer Überzeugung nicht von Gottes Güte trennen lässt – muss dann allen Menschen gelten. Darum haben die keltischen Mönche ihr Hab und Gut geteilt, statt in ihren Klöstern Reichtümer anzuhäufen. Darum haben sie sich auf den Weg gemacht, um allen Menschen die frohe Botschaft zu bringen: nicht nur den „zivilisierten" Römern, sondern auch den „barbarischen" Festlandbewohnern.
In diesem Zusammenhang ist besonders interessant, wie in der keltischen Tradition die große Gerichtsrede Jesu in Mt 25 verstanden wurde: Bekanntlich wird der am Ende der Zeit

wiederkommende Menschensohn über die Menschen Gericht halten und sie der „rechten"
oder „linken" Seite überantworten. Der Maßstab, der dabei zur Anwendung kommt, besteht
aber auffälligerweise nicht darin, ob ein Mensch Böses getan hat (ob er Ehebruch beging,
ein Dieb oder gar ein Mörder war) – sondern darin, ob er anderen Gutes getan hat (ob er
den Durstigen zu trinken und den Hungrigen zu essen gab, ob er Gefangene besuchte usw.).
Dieses Detail galt in der keltischen Tradition des Christentums immer als besonders
wichtig: Gottes Güte und die Fruchtbarkeit des Bodens sind Gaben, die uns dazu
verpflichten, miteinander zu teilen.

Impuls für die Meditation

In der Meditation werden wir uns der Fruchtbarkeit der Erde bewusst. Sie ist Ausdruck der Güte Gottes, der uns liebt und für uns sorgt. Sie verpflichtet uns aber auch, füreinander zu sorgen und uns dem anderen zuzuwenden.

Beim Gebet und bei der Meditation kommen wir zur Ruhe. Wir nehmen eine Haltung ein, die für uns bequem ist. Die Meditation verläuft in drei Schritten:

1. Zunächst besinnen wir uns auf unseren Atem. Während wir atmen, wiederholen wir einen Bibelvers aus Psalm 33. Beim Einatmen sprechen wir: „Er liebt Gerechtigkeit und Recht", beim Ausatmen: „die Erde ist voll der Güte des HERRN." (Vers 5).

2. Nachdem wir eine Weile lang geatmet und meditiert haben, lassen wir innere Bilder von der Fruchtbarkeit der Erde in uns aufsteigen.

3. Schließlich gehen wir dazu über, in der Stille zu Gott zu beten. Danach folgt als Abschluss der Meditation ein Vaterunser.

Nach der Meditation bietet es sich an, sich in der Gruppe auszutauschen.

Schöpfungsmeditation zur Erde

Jeder, der das Bogenschießen mit Leidenschaft betreibt, kommt irgendwann an den Punkt, sich seine Pfeile selbst zu bauen und dabei jedes Detail den eigenen Vorstellungen entsprechend zu gestalten – von der Holzsorte für den Schaft über die Form der Spitze bis hin zur Farbe der Federn. Es ist ein unbeschreibliches Gefühl, einen selbst gebauten Pfeil fliegen zu lassen.

Noch eindrücklicher aber ist es, wenn so ein Pfeil verloren geht – was gar nicht so selten vorkommt, wenn man in der freien Natur schießt! Sehr leicht verfehlt ein Pfeil das Ziel und fliegt ins Unterholz. Dann geht die Suche los. Manchmal lässt sich der Pfeil nach wenigen Augenblicken finden, weil er gut sichtbar obenauf liegt. Manchmal ist er gegen einen Stein geprallt und dabei zerbrochen. Manchmal ist er tief unter das Laub gerutscht und man hat kaum eine Chance, ihn jemals wieder zu finden.

Ich erinnere mich an einen Pfeil, der ein solches Schicksal erlitt. Es war sein Jungfernflug, und sogleich verschwand er im Gebüsch des Waldes. Bestimmt eine halbe Stunde habe ich nach ihm gesucht, aber er wollte nicht gefunden werden (Pfeile haben ihren eigenen Willen, wie ich festgestellt habe). Schweren Herzens brach ich schließlich die Suche ab, überließ den Pfeil seinem Schicksal und schoss mit meinen anderen Pfeilen weiter.

Einige Tage später war ich an der gleichen Stelle unterwegs. Wie war ich überrascht, als ich den verlorenen Pfeil augenblicklich wieder fand! Scheinbar hat es ihm dort draußen doch nicht gefallen, so ganz alleine ohne seine Geschwister-Pfeile. Er war zwar etwas beschädigt, die Federn nass und der Schaft mit Erde verschmutzt, aber nach ein wenig Pflege und Zuwendung flog er wieder. Natürlich konnte man ihm sein Abenteuer bis zuletzt ansehen, und nach vielen Schüssen ist er schließlich an einem Stein zerbrochen.

Wer oft mit Pfeil und Bogen schießt, erfährt also auch, was es mit der Vergänglichkeit auf sich hat. Jeder einzelne Ausrüstungsgegenstand für das Bogenschießen geht irgendwann in die ewigen Jagdgründe ein. Die kürzeste Lebensdauer dürfte ein Pfeil haben.
Diese Tatsache ist nur auf den ersten, vordergründigen Blick traurig. Sie ist auf den zweiten Blick ebenso bereichernd wie verheißungsvoll, denn die Vergänglichkeit ist das Pendant der Fruchtbarkeit und der Veränderung.

Wachstum, Veränderung, Fruchtbarkeit und Vergänglichkeit kennzeichnen die grundlegenden Prozesse des Lebens. Diese Erkenntnis steht auch im Zentrum des christlichen Glaubens. Nicht umsonst sagt Jesus von sich selbst mit Blick auf seine Kreuzigung: „Wahrlich, wahrlich, ich sage euch: Wenn das Weizenkorn nicht in die Erde fällt und erstirbt, bleibt es allein; wenn es aber erstirbt, bringt es viel Frucht." (Joh 12, 24)

In der christlichen Tradition wurde das Bewusstsein der eigenen Vergänglichkeit stets wach gehalten. Ebenso wie Adam, der Mensch, aus Erde erschaffen wurde, kehren wir am Ende zur Erde zurück. Bis heute werden bei jeder Beerdigung diese uralten Worte gesprochen: „Erde zu Erde, Asche zu Asche, Staub zu Staub."
Auf den ersten Blick ist es erschreckend, dem Tod ins Auge zu blicken. Aber auf den zweiten Blick zeigt sich: Das Bewusstsein der eigenen Sterblichkeit erhöht die Achtsamkeit und den Wert des Lebens.
Wer auf so grundlegende Weise den hohen Wert des vergänglichen Lebens begriffen hat, wird sich dazu berufen wissen, das Leben in allen seinen Formen zu schützen und zu bewahren. Und gerade wer das Bogenschießen als spirituellen Übungsweg begreift, wird sich bei jedem Schuss mit dem Bogen, der früher mit Tod und Verderben in Verbindung stand, gegen den Tod und für das Leben entscheiden. Das schließt die Bereitschaft ein, einander und anderen Lebewesen Anteil an all dem Guten zu geben, das Gott uns schenkt: Nahrung und Unterschlupf, Zuwendung und Verständnis. Das schließt zugleich die Erkenntnis mit ein, dass der Tod und das Leid, dass Hunger und emotionale Kälte ebenso zu diesem Leben dazugehören.
Als Christen setzen wir unsere Hoffnung angesichts dieser vergänglichen und unvollkommenen Welt auf Jesus Christus. Sein Vermächtnis hat nach seinem Tod tatsächlich viel Frucht gebracht. Die Welt ist nach ihm eine bessere geworden. Wir hoffen darauf, dass dies so bleibt, und wir leisten unseren Beitrag dafür, so bescheiden er sein mag.
Der sterbende Baum bietet unzähligen anderen Geschöpfen des Waldes Lebensraum und Nahrung. Unser eigener Tod ist die notwendige Voraussetzung dafür, dass das menschliche Leben weitergeht. Alle Lebewesen stehen in einem großen Kontext des Wachstums und Vergehens, und indem wir unseren Teil dazu beitragen (und wir hätten ja auch keine andere Wahl), ermöglichen wir dem Leben selbst Wachstum und Zukunft.

Der zerbrochene oder der verlorene Pfeil schließlich macht Platz für neue, noch sorgfältiger gebaute, schönere und bessere Pfeile.

Der vierte Tag:

Ausgeglichenheit

Und Gott sprach:

Es werden Lichter an der Feste des Himmels,

die da scheiden Tag und Nacht und geben Zeichen, Zeiten, Tage und Jahre

und seien Lichter an der Feste des Himmels,

dass sie scheinen auf die Erde.

Und es geschah so.

Und Gott machte zwei große Lichter:

ein großes Licht, das den Tag regiere,

und ein kleines Licht, das die Nacht regiere,

dazu auch die Sterne.

Und Gott setzte sie an die Feste des Himmels,

dass sie schienen auf die Erde und den Tag und die Nacht regierten

und schieden Licht und Finsternis.

Und Gott sah, dass es gut war.

Da ward aus Abend und Morgen der vierte Tag.

(1. Mose 1, 14-19)

Auslegung

Am vierten Tag – in der „Mitte der Zeit" zwischen dem ersten und dem siebten Tag – erschafft Gott mit Sonne, Mond und Sternen die großen Lichter des Himmels und damit zugleich die Balance zwischen Tag und Nacht. Der vierte Tag steht daher in der keltisch-christlichen Tradition für die Balance oder Ausgeglichenheit der Schöpfung insgesamt.

Die keltischen Christen wussten, dass man die Schöpfung nicht mit dem Schöpfer verwechseln darf. Gott ist immer mehr und anders als seine Schöpfung. Die Sonne und den Mond anzubeten, kam ihnen deshalb nicht in den Sinn. Andererseits lebten sie im Glauben, dass auch Sonne und Mond „Äußerungen" Gottes sind – und dass die Liebe zur Sonne und zum Mond darum Ausdruck der Liebe zu Gott selbst ist.

Aus diesem Grund gibt es in der keltischen Tradition viele Lieder, Gedichte und Gebete, die mit den Gestirnen des Himmels zu tun haben, und darum wurden Sonne und Mond in besonderer Weise verehrt; etwa indem sich die Gläubigen bei Sonnenauf- und untergang bekreuzigten. Die Gestirne galten ihnen sogar als Boten der Gnade Gottes, etwa so wie Engel und Heilige.

Auch wir wissen, welchen Zauber z. B. ein Sonnenaufgang haben kann, wenn das Licht früh morgens durch die Dunkelheit bricht und die Erde erhellt; und wenn der Vollmond in einer klaren Nacht leuchtend über den Himmel schreitet, sind wir davon fasziniert. Aber leider hören viele Menschen nicht, was uns die Gestirne über die Gnade Gottes erzählen wollen. Wir spüren zwar etwas von den Wundern, die sie uns zeigen, aber wir haben verlernt, der Schöpfung und ihrem Lobpreis Gottes wirklich zu lauschen.

In der keltisch-christlichen Tradition gilt die Sonne traditionell als männliche, der Mond hingegen als weibliche Theophanie oder Offenbarung Gottes. Das helle und starke Licht der Sonne steht für eine maskuline Energie, die nach außen gerichtet ist und alles in einer rationalen Perspektive erscheinen lässt. Das weiche und sanfte Licht des Mondes hingegen wird mit Intuition und Emotion in Verbindung gebracht.

Da der Mensch aber nach dem Bilde Gottes geschaffen ist, ist er weder völlig maskulin noch ganz und gar feminin; vielmehr ist sein Wesen im Grunde ein Geheimnis. Er hat sowohl Verstand als auch Intuition, sowohl Geist als auch Gefühl. Und wenn es heißt, dass

Christus das Bild Gottes ist, dann können wir an Christus auch sehen, wie männliche und weibliche Aspekte im Menschen miteinander versöhnt sind.

Darum gilt das Zwielicht zwischen Tag und Nacht in der keltisch-christlichen Tradition als eine wichtige spirituelle Zeit: Das Zwie-licht ist ja nichts anderes als ein Zwei-licht – es ist die Zeit, in der das Licht des Tages mit dem Licht der Nacht verschmilzt. In dieser „goldenen Stunde" (morgens) bzw. „blauen Stunde" (abends) spüren wir etwas vom Mysterium der Schöpfung und von der Einheit der Gegensätze des Lebens. Wir spüren die Ausgeglichenheit der Schöpfung Gottes.

Impuls für die Meditation

In der Meditation werden wir uns bewusst, was uns die Gestirne des Himmels und ihr Licht über die Harmonie der Schöpfung und die Balance der Gegensätze erzählen.

Für das Gebet kommen wir zur Ruhe. Wir suchen uns eine bequeme Haltung. Unsere Meditation besteht aus drei Schriten.

1. Zunächst besinnen wir uns auf unseren Atem. Während wir atmen, sprechen wir in der Stille einen Bibelvers aus Psalm 136. Beim Einatmen sagen wir: Gelobt sei Gott, „der große Lichter gemacht hat ...", beim Ausatmen: „... denn seine Güte währet ewiglich." (Vers 7).

2. Nachdem wir eine Weile lang geatmet und meditiert haben, lassen wir Imaginationen und Erinnerungen an Sonne, Mond und Sterne in uns aufsteigen.

3. Schließlich gehen wir dazu über, in der Stille zu Gott zu beten. Danach folgt als Abschluss der Meditation ein Vaterunser.

Nach der Meditation bietet es sich an, sich in der Gruppe auszutauschen.

Schöpfungsmeditation über die Gestirne

An einem lauen Sommerabend stehe ich auf dem Bogenplatz und schieße meine Pfeile. Als langsam die Sonne untergeht, wird es immer dunkler; die Sterne hingegen beginnen zu leuchten. Da ich gut eingeschossen bin, gelingt mir trotz fortschreitender Dunkelheit der eine oder andere Treffer.

Es ist eine besondere Erfahrung, in der Nacht unter einem leuchtenden Sternenzelt zu schießen. Die Bäume, die Blumen und selbst das Gras verlieren an Farbe. Alles erscheint in dunklen Tönen. Auch die Geräusche der Nacht klingen anders. Die Stille ist fast hörbar, unterbrochen nur vom vereinzelten Ruf eines Vogels, vom leisen Rascheln eines Igels im Gebüsch und vom Surren eines Pfeils, der durch die Nacht fliegt.

Wer in der Nacht mit dem Bogen schießt, kann sich nicht wie am Tag auf das verlassen, was er sieht. Der Pfeil wird „blind" eingenockt. Jeder Handgriff muss sitzen. Das Ziel ist nur zu erahnen. Jeder optische Anhaltspunkt, auf den man sich vielleicht tagsüber verlässt, fehlt. Darum muss man sich beim Schießen stärker auf seine Intuition verlassen, muss dem eigenen Körper viel mehr vertrauen. Das geht erstaunlich gut – jedenfalls viel besser als man zunächst denken würde. Natürlich ist die Treffsicherheit im Dunkeln bei den meisten von uns nicht mit der im Hellen vergleichbar, aber um Welten schlechter ist sie auch nicht.

Viel spannender noch als der Schuss ist das, was dabei in einem selbst vorgeht. In der Nacht fühlen wir oftmals ganz anders. Unser Herz ist irgendwie weiter geöffnet. Wir nehmen alles viel intensiver in uns auf, reagieren viel direkter und emotionaler auf das, was sich uns zeigt.

In der Nacht zeigen sich uns außerdem Dinge, die sonst verborgen bleiben – auch jene Dinge in den Winkeln unserer Seele, die sonst keine Beachtung finden. Ängste melden sich zu Wort. Sehnsüchte treten heraus aus dem Schatten der Rationalität. Die Erfahrung der Präsenz, der Gegenwärtigkeit stellt sich ein: Die Nacht ist gegenwärtig, meine Seele ist anwesend, Gott ist hier – wo sonst?

Beim Anblick des nächtlichen Sternenhimmels fallen mir jedes Mal die Worte aus Psalm 8, 4-5 ein, jenem berühmten Lobgesang auf die Würde des Menschen: „Wenn ich sehe die Himmel, deiner Finger Werk, den Mond und die Sterne, die du bereitet hast: was ist der Mensch, dass du seiner gedenkst, und des Menschen Kind, dass du dich seiner annimmst?" Das menschliche Dasein erscheint angesichts der Größe und Unendlichkeit des nächtlichen

Himmels winzig, unbedeutend und vergänglich. Umso überwältigender ist die Erkenntnis des Psalmbeters, dass Gott dennoch des Menschen gedenkt. Des Menschen Würde und Anmut verdankt er also nicht sich selbst, sie ist ihm von Gott zugeeignet. Darum ist die Würde des Menschen in der jüdisch-christlichen Tradition immer mit einer Haltung der Demut gepaart gewesen, statt – wie man vielleicht fälschlicherweise denken könnte – mit Hochmut und Überheblichkeit.

Aus der Erkenntnis, im Vergleich zur Schöpfung unbedeutend und dennoch von Gott geliebt und mit Würde bedacht zu sein, könnte heutige Frömmigkeit den Schluss ziehen, als Mensch für das Wohlergehen der Schöpfung Sorge zu tragen. Wenn Gott unser gedenkt, obgleich wir so unwichtig sind – sollten wir dann nicht auch jener Geschöpfe gedenken, die uns im geschäftigen Alltag sonst so winzig und unbedeutend erscheinen? Sollte unsere Sorge und Aufmerksamkeit nicht den Fröschen und Käfern, den Wiesenblumen und Vögeln gelten? Oder zumindest dem Bestreben, ihren Lebensraum zu bewahren? Frühere Generationen hatten diese Frage so noch nicht im Blick, weil die menschlichen Möglichkeiten der Naturgestaltung – und damit der Naturgefährdung – wesentlich eingeschränkter waren. Heute kommen wir an dieser Frage kaum noch vorbei, und sie stellt sich uns auch als religiöse Frage.

Christliche Spiritualität hat sich seit ihren Anfängen stets daran messen lassen, ob sie die Gläubigen zugunsten anderer Lebewesen in Bewegung versetzt, zum Handeln motiviert, Partei ergreifen lässt. Vielleicht ist es kein Zufall, dass in Psalm 8 ausgerechnet die Nacht evoziert wird: Hatten wir nicht festgestellt, dass sich das menschliche Herz in der Nacht weitet? Auch Mitgefühl und Anteilnahme am Leid anderer Lebewesen können wir in der Nacht viel tiefer empfinden. Die Sorge um andere hat vielleicht ihre beste Zeit in der Nacht.

Was wir heute also möglicherweise am dringlichsten bräuchten, wäre eine „nächtliche" Spiritualität der Schöpfung – eine Spiritualität, die in dieser Sensibilität der Nacht gründet: Die Bereitschaft, sich wie in der Nacht emotional dafür zu öffnen, sich für die Schöpfung einzusetzen. Und vielleicht müssen wir aus spiritueller Sicht zu der Erkenntnis kommen, dass sich die Wahrhaftigkeit unseres Glaubens an unserem ökologischen Einsatz messen lassen muss.

Man hat dem Christentum verschiedentlich vorgeworfen, mit seiner Vorstellung vom Menschen als Krone oder Herr der Schöpfung zur Ausbeutung der Natur beigetragen zu haben. Und nirgendwo wird dieses hohe Selbstverständnis des Menschen anschaulicher zum Ausdruck gebracht als im eben schon zitierten Psalm 8, wo es gleich anschließend in den Versen 6-7 heißt: „Du hast ihn wenig niedriger gemacht als Gott, mit Ehre und Herrlichkeit hast du ihn gekrönt. Du hast ihn zum Herrn gemacht über deiner Hände Werk, alles hast du unter seine Füße getan."

Bei genauem Hinsehen erkennen wir allerdings: Wo Würde mit Demut einhergeht, wo Größe mit der Aufgabe der Fürsorge verquickt ist, ergibt sich aus dem jüdisch-christlichen Menschenbild keine Legitimation zur Ausbeutung der Schöpfung, sondern im Gegenteil der Selbstanspruch, für die Bewahrung der Schöpfung einzutreten.

Beim Bogenschießen

Beim Bogenschießen erleben wir im Wechsel von Auszug und Ablass, Anspannung und Entspannung auf unmittelbare Weise die Balance der Gegensätze und damit die Harmonie der Schöpfung.

Sei Dir bewusst, dass Dein ganzes Leben diesem Wechsel unterliegt.
Sei Dir bewusst, dass Du auf die Balance der Widersprüche angewiesen bist.

Welche Kräfte wirken auf Dich ein?
Wohin wollen sie Dich lenken?
Welches Ziel willst Du Dir setzen?
Kannst Du auch loslassen?

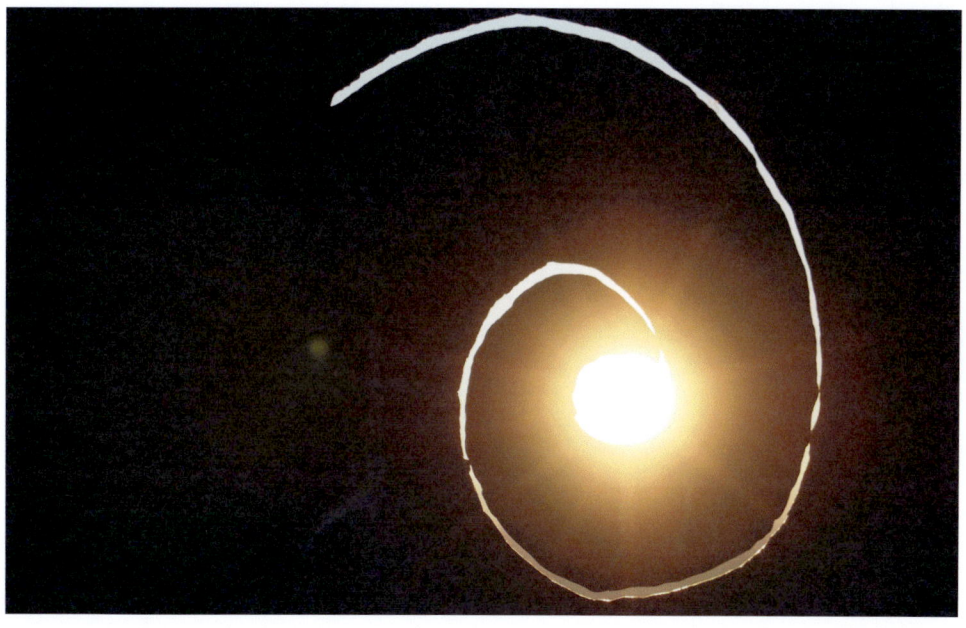

Der fünfte Tag:

Sinnlichkeit

Und Gott sprach:

Es wimmle das Wasser von lebendigem Getier,

und Vögel sollen fliegen auf Erden unter der Feste des Himmels.

Und Gott schuf große Walfische

und alles Getier, das da lebt und webt, davon das Wasser wimmelt,

ein jedes nach seiner Art,

und alle gefiederten Vögel, einen jeden nach seiner Art.

Und Gott sah, dass es gut war.

Und Gott segnete sie und sprach:

Seid fruchtbar und mehret euch

und erfüllet das Wasser im Meer,

und die Vögel sollen sich mehren auf Erden.

Da ward aus Abend und Morgen der fünfte Tag.

(1. Mose 1, 20-23)

Auslegung

Am fünften Tag erschafft Gott die Tiere des Wassers und des Himmels. Aber nicht nur das: Gott erschafft damit zum ersten Mal die Sinnesorgane. Erst jetzt gibt es Lebewesen, die Augen und Ohren, einen Geruchs-, Geschmacks- und Tastsinn haben und damit die Welt sinnlich erfahren können. Erst jetzt kann das Sonnenlicht gesehen, das Rauschen des Meeres gehört, der Geruch der Pflanzen wahrgenomen, können Steine gefühlt und Früchte geschmeckt werden.

In der keltisch-christlichen Tradition gelten alle Lebewesen als Theophanie oder Offenbarung Gottes. Nicht in dem Sinne, dass man vom Geschöpf auf den Schöpfer zurück schließen könnte – denn Gott ist immer mehr und anders als seine Schöpfung – aber doch insofern, als jedes Lebewesen ein „Ausdruck" oder eine „Äußerung" Gottes ist. Aus diesem Grunde wurde die Beziehung zu Tieren in der keltischen Tradition (so wie auch in der franziskanischen Tradition) immer besonders geachtet und geehrt, und nicht wenige keltische Heilige sollen mit Tieren befreundet gewesen sein. Zudem war man sich stets bewusst, dass der Garten Eden zunächst gemeinsam von Mensch und Tier bewohnt wurde – und dass der Mensch diesen Garten später verlassen musste, während die Tiere bleiben durften!

Die Erschaffung der Tiere und damit die Erschaffung der Sinne wurde auch als Zeichen der Wertschätzung der inneren Sinne verstanden: Indem Gott uns einen Gesichts- und Hörsinn gab, sind wir darauf verwiesen, auch auf unsere inneren Sinne zu achten, d. h. mit dem Herzen zu sehen und zu lauschen. Und wie oft geschieht es, dass wir uns von der Wahrheit abwenden, weil wir der Stimme unseres Herzens nicht vertrauen? Und wie sollten wir im Buch der Schöpfung lesen können, ohne auf unsere inneren Sinne lauschen zu wollen?

Die größte Sehnsucht im Herzen des Menschen besteht nach keltisch-christlicher Überzeugung darin, dass wir Gott – die Liebe im Herzen der Schöpfung – sehen, hören, riechen, schmecken und berühren wollen. Erst wenn wir bereit sind, uns dieser tiefsten Sehnsucht zuzuwenden, sind wir wirklich lebendig. Erst wenn wir bereit sind, mit dem inneren Auge zu sehen, erkennen wir, dass die Wunder, die sich unseren physischen Augen zeigen, alle auf Gott verweisen. Unsere äußeren und inneren Sinne haben wir bekommen, damit wir den Ausdruck des Wesens Gottes in der Schöpfung sehen, schmecken und fühlen können.

Die Sehnsucht nach Gott ist fehlgeleitet, wenn sie uns dazu führt, dass wir uns von der Welt abwenden und meinen, Gott nur in der frommen Einkehr finden zu können. Statt dessen sollte uns die Sehnsucht nach Gott hinaustreiben und uns motivieren, unsere Sinne immer neu zu entdecken und unsere Geschöpflichkeit als Geschenk anzunehmen.

Natürlich gab es im keltischen Christentum auch ein Bewusstsein dafür, dass die Geschöpflichkeit ein zerstörerisches Potential haben kann. Die berüchtigten Seeungeheuer etwa, von denen in der Dichtung erzählt wird, sind keinesfalls harmlose Geschöpfe. Aber man sah in ihnen auch eine Theophanie Gottes, und man wusste, dass ihre Macht und Wildheit auf Gott verweisen – ebenso wie die Macht und Wildheit in unserem eigenen Herzen, wenn wir sie nur als Gaben Gottes akzeptieren.

Impuls für die Meditation

In der Meditation werden wir uns des Segens unserer Geschöpflichkeit und der Heiligkeit unserer Sinne bewusst: Es ist gut, dass wir Leib und Seele haben; und Sinnesorgane, um die Welt um uns äußerlich und innerlich wahrzunehmen.

Wir suchen einen Ort für die Meditation. Dann treten wir ins Gebet ein:

1. Zunächst besinnen wir uns auf unseren Atem. Während wir atmen, wiederholen wir einen Bibelvers aus Matthäus 6. Beim Einatmen sprechen wir: „Sorgt nicht um euer Leben …", beim Ausatmen: „Seht die Vögel unter dem Himmel" (Vers 25f.).

2. Nachdem wir eine Weile lang geatmet und meditiert haben, lassen wir Erinnerungen an besondere Sinneseindrücke in uns aufsteigen.

3. Schließlich gehen wir dazu über, in der Stille zu Gott zu beten. Danach folgt als Abschluss der Meditation ein Vaterunser.

Nach der Meditation bietet es sich an, sich in der Gruppe auszutauschen.

Schöpfungsmeditation über die Sinneswahrnehmung

Wer in einer Halle oder auf dem Bogenplatz eines Sportvereins auf Scheiben schießt, kann sich beim Schießen ganz und gar auf den Schussvorgang selbst konzentrieren: Auf die richtige Körperhaltung, auf die korrekte Technik, auf den fehlerlosen Stand. Der Grund dafür liegt auf der Hand: Die Rahmenbedingungen des Schießens bleiben stets identisch. Das Ziel steht immer in der gleichen Entfernung und auf gleicher Höhe, ist bei jedem Schuss gleich groß und verhält sich stets in der gleichen Weise. Der Boden ist ganz und gar eben. So kann die ganze Aufmerksamkeit auf den Schuss selbst gelegt werden. Das hat seinen eigenen Stellenwert und seine eigene Berechtigung, aber es ist definitiv nicht die einzige Möglichkeit, mit Pfeil und Bogen umzugehen.

Ganz anders schaut es nämlich aus, wenn man in der freien Natur schießt. Hier ist jeder Schuss anders. Es gibt eine Vielzahl von Variablen, die sich von Mal zu Mal ändern und auf die ich mich neu einstellen muss: Die Distanz zum Ziel, die Lage und Größe des Ziels, die Beschaffenheit des Geländes (etwa ob ich bergauf oder bergab schieße), das (aktuelle) Wetter und die (jahreszeitlich bedingten) Witterungsverhältnisse. Es ist eben etwas völlig anderes, ob ich im Herbst bei stürmischem Wind, im Winter bei Schneefall oder Glätte, im Frühling im Regen oder im Sommer bei üppigem Pflanzenwachstum (und d. h. bei eingeschränkter Sicht) auf das Ziel schieße – selbst wenn es sich dabei jedes Mal um das gleiche Ziel und die gleiche Entfernung handeln sollte.

Das bedeutet in der Konsequenz: Wer draußen in der Schöpfung Pfeil und Bogen schießt, ist in weitaus höherem Maße als drinnen bzw. auf dem Bogenplatz auf seine Sinneswahrnehmungen angewiesen. Draußen muss ich alle meine Sinne aktiv einbeziehen, um mich zurechtzufinden: Ich muss in besonderer Weise auf das achten, was ich sehe, was ich höre und was ich fühle – und vielleicht sogar auf meinen Geruchs- und Geschmackssinn.

Diese Achtsamkeit für die Wahrnehmungen der Sinnesorgane bringt es mit sich, dass ich mich beim Schießen im Freien wesentlich wacher fühle. Das Gefühl der Präsenz, des „Gegenwärtigseins" ist bei mir in solchen Situationen wesentlich stärker ausgeprägt als sonst. Indem ich nicht nur sehe, sondern bewusst sehe, nicht nur höre, sondern bewusst höre, nicht nur fühle, sondern bewusst fühle, bin ich in weitaus stärkerem Maße im Austausch mit der Wirklichkeit als sonst. Man könnte sagen: Wenn man im Freien schießt, kommuniziert man stärker als sonst mit der Welt.

Die biblischen Texte sind Zeugnisse eines ähnlichen Bewusstseins. Immer wieder finden wir in der Bibel – v. a. in der sogenannten „weisheitlichen Literatur", die sich u. a. mit der Beobachtung der Natur beschäftigt und daraus Erkenntnisse für ein gelingendes Leben gewinnen will – Beispiele für eine genaue Naturwahrnehmung mit Hilfe der Sinne. Viele weisheitliche Sprüche sind höchst anschaulich und unmittelbar eingängig. So heißt es etwa in Sprüche 6,6: „Geh hin zur Ameise, du Fauler, sieh an ihr Tun und lerne von ihr!" Aus der sinnlichen Anschauung eines scheinbar kleinen und schwachen Tierchens wird hier ein Handlungsimpuls formuliert, der den Menschen zur Aktion führen und ihm dadurch zum Guten gereichen soll. Wer im Wald unterwegs ist und dort mit Pfeil und Bogen schießt, hat vielfältige Gelegenheit, das Treiben der Ameisen zu beobachten und daraus zu lernen.

Nicht nur im Alten Testament, auch bei Jesus von Nazareth finden wir solche weisheitlichen Überlieferungen, die dem Menschen durch die Wahrnehmung der Schöpfung zum guten Leben helfen wollen. Am bekanntesten dürften vielleicht die Worte Jesu aus der Bergpredigt sein, etwa aus Mt 6,26: „Seht die Vögel unter dem Himmel an: sie säen nicht, sie ernten nicht, sie sammeln nicht in die Scheunen; und euer himmlischer Vater ernährt sie doch. Seid ihr denn nicht viel mehr als sie?" Auch hier kann ich aus eigener Erfahrung nur empfehlen, sich mit Pfeil und Bogen in die Natur zu begeben, Jesu Ratschlag ernst zu nehmen und tatsächlich die Vögel bei ihrem Tun zu beobachten.

In den weisheitlichen Texten der Bibel begegnet uns also immer wieder der Gedanke, dass sich Schöpfung einerseits und Spiritualität andererseits gegenseitig bereichern und auslegen, dass die Wahrnehmung der Schöpfung und die Meditation heiliger Worte aufeinander angewiesen sind.
Darum ist es seit jeher eine gute geistliche Übung, sich für die eigene spirituelle Praxis in der Schöpfung aufzuhalten. Auch Jesus hat, wie die Bibel berichtet, immer wieder die Stille und die Zeit in der freien Natur gesucht; man denke an seinen 40-tägigen Aufenthalt in der Wüste zu Beginn seines öffentlichen Wirkens, an seine Zeiten des Gebets fernab der Zivilisation oder an die höchst mystische Erfahrung der Verklärung Jesu auf einem Berg.

Wer mit Pfeil und Bogen ins Freie geht, um dort das Bogenschießen als geistlichen Übungsweg zu praktizieren, darf sich immer wieder über solche Augenblicke der wechselseitigen Inspiration freuen: Besondere Erlebnisse und eindrückliche Naturerscheinungen werden zu Zeichen hin auf den Schöpfer. Biblische Texte wiederum entfalten angesichts der Erlebnisse in der Natur zuweilen völlig neue und bereichernde

Sinndimensionen. Mehr als einmal durfte ich selbst erfahren, beim Schießen in der Schöpfung mit neuen Einsichten, mit Inspiration und Zuversicht beschenkt zu werden.

Wer sich in dieser Weise daran macht, seinen Glauben bereichern zu lassen, für den möge gelten, was in Psalm 1,3 über den Frommen steht: „Der ist wie ein Baum, gepflanzt an den Wasserbächen, / der seine Frucht bringt zu seiner Zeit, und seine Blätter verwelken nicht. Und was er macht, das gerät wohl."

Beim Bogenschießen

Während Du mit Pfeil und Bogen schießt, hast Du unzählige Möglichkeiten,
die Welt um Dich herum mit Deinen äußeren und inneren Sinnen wahrzunehmen.

Was siehst Du mit Deinen Augen, wenn Du den Pfeil loslässt?
Was sieht Du mit Deinem Herzen?

Was hörst Du, während der Pfeil durch die Luft fliegt?
Was hörst Du in Deinem Herzen?

Was spürst Du, wenn Du die Hand auf die Erde legst?
Was spürst Du in Deinem Herzen?

Höre auf die Sehnsucht nach Gott in Dir. Gestatte dieser Sehnsucht, die Schöpfung um Dich herum mit allen äußeren und inneren Sinnen wahrzunehmen – bis Du verstanden hast, dass Du von Gottes Güte umgeben bist.

Der sechste Tag:

Menschlichkeit

Und Gott schuf den Menschen zu seinem Bilde,
zum Bilde Gottes schuf er ihn;
und schuf sie als Mann und Frau.
Und Gott segnete sie und sprach zu ihnen:
Seid fruchtbar und mehret euch und füllet die Erde
und machet sie euch untertan
und herrschet über die Fische im Meer
und über die Vögel unter dem Himmel
und über das Vieh
und über alles Getier, das auf Erden kriecht.
Da ward aus Abend und Morgen der sechste Tag.

(1. Mose 1, 27-28.31b)

Auslegung

Am sechsten Tag erschafft Gott zunächst die Tiere der Erde und schließlich den Menschen. In der keltischen Tradition gilt die Menschheit darum als eine Art Zusammenfassung der Schöpfung: Der Mensch trägt in sich das Geheimnis des Lichtes der Schöpfung (1. Tag), der Unbändigkeit (2. Tag) und der Fruchtbarkeit und „irdischen" Zusammensetzung (3. Tag). Weiter entspricht der Mensch als Mann und Frau der göttlichen Ausgeglichenheit der Gegensätze (4. Tag) und er ist durch und durch ein sinnliches Geschöpf (5. Tag).

Wenn wir sagen, dass der Mensch nach dem Bilde Gottes erschaffen wurde, so heißt das: Was am tiefsten in uns ist, stammt von Gott. Im Herzen unseres Wesens finden wir die Liebe Gottes, die Weisheit Gottes, die Kreativität, Imagination und Wildheit Gottes. Und zugleich bedeutet das: Ebenso wie Gott immer ein Geheimnis bleibt, ist auch unser Wesen letztlich ein Mysterium. Was wir über uns Menschen *nicht* in Erfahrung bringen können ist weitaus mehr als das, *was* wir jemals über uns wissen werden. Und wenn wir Menschen Ausdruck des Geheimnisses Gottes sind, was läge dann näher, als dass wir uns gegenseitig dafür Respekt zollten und einander mit Ehrfurcht behandelten?

Natürlich kennen wir auch die Geschichte vom Sündenfall, wie Adam und Eva ihre Unschuld verlieren und aus dem Paradies vertrieben werden. Dieser Sündenfall wird im keltischen Christentum aber nicht so verstanden, dass dabei das Bild Gottes in uns völlig zerstört worden wäre. Das Bild Gottes bleibt vielmehr im tiefsten Grunde unseres Herzens unversehrt bestehen. Es kann sein, dass es durch die Sünde verzerrt oder verdunkelt wird, oder dass wir vergessen, wer wir im Grunde sind; aber das Bild Gottes in uns kann niemals ausgelöscht werden.

Erlösung bedeutet daher in der keltischen spirituellen Tradition, dass dieses Bild Gottes, dieser „Schatz", der im Acker unseres Lebens verborgen liegt, wieder entdeckt und hervorgeholt wird.
Ein anderes Bild ist das vom Garten Eden: Der Garten Eden ist nach dieser Interpretation nicht so sehr ein „äußerer" Garten, sondern er steht für den Garten unserer Seele. Dieser „Garten" ist unsere menschliche Natur, die nach dem Bilde Gottes erschaffen wurde. Gott wandert jeden Tag durch diesen Garten unserer Seele und ruft: „Wo bist du?"

Die Sünde, so heißt es in der keltischen Tradition, verunstaltet das Angesicht unserer Seele wie eine Krankheit den äußeren Körper verunstaltet; sie ist wie eine Infektion, die die Schönheit des Bildes Gottes in uns entstellt. Und darum glauben wir der Sünde nur zu bereitwillig, dass wir fehlerhaft und unwürdig sind und uns für unsere Natur schämen müssten. Aber das stimmt nicht. Wir müssen uns nicht schämen. Wir sind nach dem Bilde Gottes erschaffen, und die Sünde hat nicht die Macht, unser Wesen als ein Geschöpf Gottes zu negieren oder zu zerstören. Wir bleiben Gottes „Garten", auch wenn dieser Garten völlig verwildert und vernachlässigt ist.

Die Frage lautet: Wie können wir uns wieder daran erinnern, dass wir nach dem Bilde Gottes erschaffen sind, dass die guten Gaben Gottes in uns verborgen liegen? Die Antwort lautet: Indem wir begreifen, dass wir sie nie verloren haben! Das Evangelium von Jesus Christus wurde uns geschenkt, um uns daran zu erinnern, was am tiefsten in uns ist. Die „Medizin" Gottes gegen die „Infektion" der Sünde besteht darin, dass wir an Jesus Christus sehen, was es heißt, Mensch zu sein. So begreifen wir, dass auch wir von Gott so gedacht sind. Christus macht uns klar: Wir sind genauso wie er aus Gott geboren und wie er das Bild Gottes! Wir tragen wie er Gottes Weisheit und Schönheit in uns! Wir müssen nur umkehren – und das heißt nichts anderes, als: wir müssen zu uns selbst, zu unserem ureigenen Wesen als Geschöpf Gottes umkehren, um in uns Gottes Schatz zu finden. Und wenn wir ihn gefunden haben, dann begreifen wir zugleich, dass auch der andere Mensch nach dem Bilde Gottes erschaffen wurde – und das hat erhebliche Auswirkungen auf die Art und Weise, wie wir miteinander umgehen!
Wenn Christus am Ende sein Leben am Kreuz gibt, legt er damit das höchste mögliche Zeugnis seiner Glaubwürdigkeit ab. Er bleibt seinem Leben und seiner Botschaft, letztlich seiner Würde als Mensch, gerade angesichts des Todes treu. Damit bringt er Gottes Liebe zu uns zum Ausdruck und bewirkt unsere Erlösung, weil wir erst durch ihn erkennen, dass wir ebenso wie er „wahre" Menschen sind.
In der keltischen Tradition wurde dieser Gedanke konsequent weitergedacht und sogar auf das jüngste Gericht bezogen: Alles, was Gott erschaffen hat, kann nicht zerstört werden. Wenn Gott uns nach seinem Bilde erschaffen hat, kann das Bild Gottes in uns nicht zerstört werden, auch nicht im Gericht. Zerstört wird lediglich das, was an uns nicht von Gott erschaffen wurde: Unsere Bosheit und Isolation, unser Stolz und unsere Habsucht. Beim großen Festmahl am Ende der Zeit wird niemand draußen bleiben; nur der Bosheit der Menschen wird kein Eintritt gewährt. Nicht einmal der Teufel wird zerstört: Verurteilt wird lediglich das, was einst aus dem Engel des Lichts einen Engel der Finsternis gemacht hat.

Impuls für die Meditation

In der Meditation werden wir uns bewusst, dass wir nach dem Bilde Gottes erschaffen wurden. Christus hat uns gezeigt, wer wir wirklich sind. Wenn wir uns daran erinnern, sind wir dabei, zu unserer wahren Identität zurückzukehren.

Zum Gebet nehmen wir eine Haltung ein, die unserem Wesen als Bild Gottes unserem Gefühl nach entspricht. Dann beginnen wir mit unserer Meditation:

1. Zunächst besinnen wir uns auf unseren Atem. Während wir atmen, wiederholen wir einen Bibelvers aus Psalm 8. Beim Einatmen sprechen wir: „Du hast ihn wenig niedriger gemacht als Gott...", beim Ausatmen: „... mit Ehre und Herrlichkeit hast du ihn gekrönt." (Vers 6).

2. Nachdem wir eine Weile lang geatmet und meditiert haben, lassen wir innere Bilder von Würde und Anmut in uns aufsteigen.

3. Schließlich gehen wir dazu über, in der Stille zu Gott zu beten. Danach folgt als Abschluss der Meditation ein Vaterunser.

Nach der Meditation bietet es sich an, sich in der Gruppe auszutauschen.

Schöpfungsmeditation über den Menschen

Es ist eine Sache, allein mit Pfeil und Bogen durch den Wald zu streifen und dabei über das eigene Leben, über Gott und die Welt zu sinnieren. Aber es ist eine vollkommen andere Sache, dies gemeinsam mit anderen Menschen zu tun!

An viele schöne und inspirierende Tage kann ich mich erinnern, an denen ich entweder zusammen mit meiner Frau oder mit Freunden in der Natur unterwegs war. Am Ende des Tages hatte ich nicht nur Pfeil und Bogen geschossen; oft hatte ich auch eine wichtige Entscheidung getroffen, war zu einer für mich fundamental neuen Einsicht gekommen, hatte einen meiner Charakterzüge besser kennen gelernt oder war für ein Projekt inspiriert worden.

Die Idee etwa, überhaupt ein Buch über das Meditative Bogenschießen zu schreiben – und es auf diese Weise zu tun und zu gestalten (vgl. „Meditatives Bogenschießen. Traditionelles europäisches Bogenschießen als geistlicher Übungsweg und Lebenshilfe", 2012) – kam meiner Frau und mir bei vielen Gelegenheiten beim Bogenschießen im Wald.

Da ich außerordentlich gerne einen englischen Langbogen schieße, wurde mir beim Bogenschießen bewusst, dass ich als Europäer einen europäischen Zugang zum Meditativen Bogenschießen entdecken wollte, abseits des bekannteren Zen-Bogenschießens.

Der englische Langbogen ist für mich der Inbegriff handwerklicher Eleganz. So wurde mir im Umgang damit bewusst, wie bedeutsam die Idee der Anmut für das Bogenschießen insgesamt ist (wie übrigens schon Gervase Markham in seinem Manuskript „The Art of Archery" von 1634 schreibt).

Angesichts der Sinneseindrücke in der freien Natur konnten wir auch den Gedanken einer Beseeltheit der Natur, wie er etwa in der europäischen Renaissance verbreitet war, wirklich nachempfinden; so begann ich, mich weiter mit diesem Gedanken auseinanderzusetzen.

Auch die Erkenntnis, dass das Bogenschießen als Lebenshilfe Menschen dabei helfen kann, ihre Lebensqualität zu steigern, stellte sich allmählich beim Bogenschießen im Freien ein: Selbsterkenntnis, Selbstwirksamkeit, die Möglichkeit, in den Flow zu kommen – all das sind Erfahrungswerte, die wir dem wiederholten Aufenthalt in der Natur verdanken.

Und schließlich natürlich die Fotos: Wo sonst als im Freien hätten wir passende Motive für jene Fotos gefunden, die diese beiden Bücher bereichern?

Schlussendlich bin ich für mich persönlich zu der Überzeugung gelangt, dass wir Menschen unser volles Potential erst im Freien entfalten. Draußen sind wir zu so viel mehr

Menschlichkeit, Würde und Anmut, Mitgefühl und Güte, Inspiration und Fantasie fähig als in vier Wänden.

In der Halle und auf dem Bogenplatz habe ich keine vergleichbaren Erfahrungen gemacht. Wände sind wohl eine gute Sache, weil sie uns Wärme und Schutz bieten, aber warum sollte man den Großteil seines Lebens dahinter verbringen? Wände engen das Denken ein. Sie begrenzen unsere Menschlichkeit. Sie setzen unsere Kreativität fest. Sie beschränken unsere Fähigkeit, uns mit anderen in Beziehung zu setzen.
All das fällt uns normalerweise nicht auf, weil wir es so sehr gewohnt sind, drinnen zu sein. Es wird uns erst bewusst, wenn wir den Schritt hinaus wagen und uns bewusst wird, dass es ganz anders sein könnte, dass wir zu so viel mehr fähig sind.

Indem wir uns draußen bewegen, bewegen sich auch unsere Gedanken besser. Indem wir im Freien mit dem Bogen schießen und dem Pfeil auf seinem weiten Flug hinterherblicken, wird uns bewusst, dass wir uns auch im Leben weitere Ziele stecken könnten. Indem wir die Tiere draußen sehen und hören, indem wir die Pflanzen anfassen, an ihnen riechen oder gar ihre Früchte schmecken können, werden wir uns auch unserer Verantwortung für sie deutlicher bewusst.
Auf geheimnisvolle Weise sind wir Menschen von Gott dazu erschaffen worden, uns in der Natur aufzuhalten – und mehr noch: Wir sind dazu erschaffen worden, uns gemeinsam in der Natur aufzuhalten. Sich gemeinsam draußen zu bewegen, bedeutet v. a., Zeit füreinander zu haben. Mit der Zeit gelingt es mir, mich besser auf andere einzulassen. Dann kreise ich nicht mehr nur um mich selbst und hänge nicht mehr nur meinen eigenen Gedanken nach, sondern erhalte anregende Impulse und kann von mir ablassen. Draußen treten wir in die Kommunikation ein – und zwar im umfassenden Sinn (denn „Kommunikation" bedeutet eigentlich so viel wie „Austausch"): Wir tauschen nicht nur Worte aus, sondern auch Gefühle, Vorstellungen, Träume und Ängste. Sorgen, die mir zuvor übermächtig erschienen, verlieren plötzlich an Bedeutsamkeit. Das Selbstmitleid, das mich zuvor gefangen hielt, verfliegt. Gemeinsam entdecken wir die Schönheit und den Wert der Natur: Einer macht uns auf die leuchtenden Farben der Eibenbeeren aufmerksam, weil er ein besonderes Gespür für Farben hat; eine andere ist besonders sensibel für Gerüche und weist uns auf den harzig-erdigen Duft des Waldes hin; der Dritte wiederum hat ein offenes Ohr und lässt uns auf das Zwitschern der Vögel achten. Gemeinsam sehen, fühlen, hören, riechen und schmecken wir Menschen mehr, nehmen das Leben bewusster wahr.

In diesem Zusammenhang wird mir klar, wie oft von Jesus und seinen Jüngern erzählt wird, sie seien draußen, unter freiem Himmel, unterwegs gewesen. Nur zu wenigen Anlässen kehrten sie in ein Haus ein. Die meiste Zeit scheinen sie im Freien gegessen, geschlafen, gebetet und ihren Glauben gelebt zu haben. Was für eine Inspiration!

Beim Bogenschießen

Dass wir Menschen das Bild Gottes an uns tragen, wird nirgends deutlicher als darin, dass wir zur Anmut fähig sind. Beim Schießen mit Pfeil und Bogen geht es im Kern – zumindest in der europäischen Tradition – darum, anmutig zu sein. Der aufrechte Stand, der elegante Auszug des Bogens, die Sicherheit des Lösens – all das wirkt auf außenstehende Beobachter meist sehr anmutig.

Versuche nicht, beim Bogenschießen anmutig zu wirken – das wäre gekünstelt.
Führe Dir einfach die Wahrheit vor Augen:
Du bist ein Kind Gottes, erschaffen nach dem Bild des Schöpfers selbst.

Und auf die anderen Menschen trifft das Gleiche zu!

Der siebte Tag:

Erholung

So wurden vollendet Himmel und Erde mit ihrem ganzen Heer.
Und so vollendete Gott am siebenten Tage seine Werke, die er machte,
und ruhte am siebenten Tage von allen seinen Werken, die er gemacht
hatte.

(1. Mose 2, 1-2)

Auslegung

Am siebten Tag ruht Gott. In dieser Ruhe offenbart sich ein weiterer Aspekt der göttlichen Kreativität. Wir dürfen nicht vergessen, dass die Schöpfungsgeschichte keine chronologische Reihenfolge der Schöpfung beschreibt, sondern einzelne Aspekte der Schöpfung meditiert. Das heißt: Der siebte Tag steht für die Erholung und Stille, die vom Anbeginn der Zeit an und für immer Teil des göttlichen Schöpfungswerkes ist.

Nach dem Tag kommt die Nacht. Nach der Arbeit kommen Ruhe und Schlaf. Der Winter folgt auf den Sommer und gibt der Natur Zeit, sich zu erholen. Ruhe und Kreativität bedingen sich gegenseitig, beide sind unauflöslich miteinander verwoben. Dieses Prinzip, dieser Wechsel aus Erholung und Kreativität, ist auch dem Wesen des Menschen eingeschrieben. Je weiter wir uns davon entfernen und je weniger wir auf diese komplementären Rhythmen achtgeben, umso mehr gefährden wir unser Wohlbefinden. Wir brauchen regelmäßige Zeiten der Erholung, sonst erschöpft sich unsere Kreativität und Produktivität.

In der keltisch-christlichen Tradition gibt es die Vorstellung, dass Gott gerade dann bei uns ist, wenn wir schlafen. Im Schlaf haben wir Anteil an der göttlichen Kreativität. Man könnte fast sagen: Der Schlaf ist ebenso heilig wie der Feiertag.

Aus Erfahrung wissen wir, dass uns die besten Ideen und die kreativsten Einfälle oft gerade dann kommen, wenn wir nicht über die Sorgen und Herausforderungen des Alltags nachdenken. Unsere Träume und Imaginationen können am besten zu uns finden, wenn wir uns ausruhen.

Das gilt nicht nur für die „äußere" Ruhe, also etwa für den Schlaf, sondern auch für die „innere" Ruhe, die wir zum Beispiel in der Meditation anstreben. Wer meditiert, verbindet sich mit der Stille und Ruhe Gottes. Darum haben Generationen von Christen die Erfahrung gemacht, dass es gut und heilsam ist, sich regelmäßig auszuruhen und dabei auf Gottes Wort zu hören und zu Gott zu beten.

In der keltischen Tradition des Christentums wurde dieser Gedanke durch einen zweiten, fast noch wichtigeren ergänzt: dass es nämlich auch darauf ankommt, sich mitten im Alltag der Gegenwart Gottes bewusst zu sein und sich ausgerechnet mitten im Leben ein ruhiges und erholtes Bewusstsein zu bewahren. Es geht darum, sich tagsüber hin und wieder des Lichts der Sonne und der göttlichen Gnade bewusst zu werden; darum, die Güte Gottes in jeder Frucht zu schmecken, die unsere Lippen berührt; darum, die Unbändigkeit und Leidenschaft unserer Seele zu fühlen und ihr Ausdruck zu verleihen.

Impuls für die Meditation

In der Meditation geht es darum, dass wir uns mit der Ruhe Gottes verbinden und darin selbst Erholung finden. Wenn das geschieht, spüren wir in uns neue Kraft und Leidenschaft.

Wir suchen einen Ort auf, an dem wir zur Ruhe kommen. Wir nehmen eine Haltung ein, in der wir beruhigt bleiben können.

1. Zunächst besinnen wir uns auf unseren Atem. Während wir atmen, wiederholen wir einen Bibelvers aus Psalm 46. Beim Einatmen sprechen wir: „Seid stille und erkennt...", beim Ausatmen: „... dass ich Gott bin!" (Vers 11).

2. Nachdem wir eine Weile lang geatmet und meditiert haben, lassen wir Gedanken und Erinnerungen an innere oder äußere Ruhe in uns aufsteigen.

3. Schließlich gehen wir dazu über, in der Stille zu Gott zu beten. Danach folgt als Abschluss der Meditation ein Vaterunser.

Nach der Meditation bietet es sich an, sich in der Gruppe auszutauschen.

Schöpfungsmeditation zum Regenbogen

Ich bin mit meinem Bogen im Wald unterwegs, auf einem Bogen-Parcour. So ein Bogen-Parcour besteht aus mehreren Stationen (mit je einem oder mehreren Zielen), die über einen Weg verbunden sind. Man geht und schießt also von Station zu Station und von Ziel zu Ziel. Der große Reiz eines Bogen-Parcours liegt für mich darin begründet, unter gesicherten Bedingungen in der freien Natur, meist im Wald, schießen zu können. In der Regel umfassen solche Parcours zwischen 20 und 30 Zielen, man ist zwischen zwei und vier Stunden unterwegs.

Es ist Frühling. Noch tragen die Laubbäume keine Blätter, nur die Knospen sind schon zu sehen. Der Wald ist dementsprechend licht; das dunkle Grün der Nadelbäume, das Hellgrün der frischen Triebe und die vielfältigen Brauntöne des Waldbodens und der Baumstämme prägen das Bild. Der Himmel ist bewölkt, graue Wolken sind zwischen den Baumwipfeln zu erkennen.

Allmählich kommt Wind auf. Die Baumkronen bewegen sich, die Äste schlagen aneinander. Dann spüre ich die ersten Regentropfen auf meinem Gesicht. Wenige Augenblicke später wird der Regen stärker. Gut, dass ich für solche Situationen ausgerüstet bin: Ich setze meinen Regenhut mit der breiten Krempe auf, ziehe den Reißverschluss meiner Regenjacke ganz nach oben und verschließe meinen Pfeilköcher mit einem Deckel (nasse Pfeile fliegen nicht besonders gut). Der Bogen, den ich heute dabei habe, ist zum Glück ziemlich unempfindlich gegen Nässe, es ist ein mit Glasfaser belegter Reiterbogen mit Kunststoffsehne. So ausgerüstet stelle ich mich unter einen Baum und warte.

Wer in der freien Natur Pfeil und Bogen schießt, muss Zeit haben. Sich beim Bogenschießen Zeit zu nehmen, ist für mich ein Luxus. Es geht mir nicht darum, möglichst schnell durch den Parcour zu kommen, alle Ziele zu treffen und dabei möglichst hohe Punktzahlen zu erreichen. Es geht mir darum, meine Wahrnehmung zu schulen; zu begreifen, was mich ausmacht; zu verstehen, in welcher Beziehung ich zur Schöpfung stehe. Also stehe ich in aller Ruhe unter dem Baum und sehe zu, wie der Regen auf die Erde fällt, wie das Wasser von den Ästen zu tropfen beginnt und wie sich die Farben des Waldes langsam verändern, wie sie dunkler werden und an Intensität gewinnen.

Langsam wird das Rauschen des Regens wieder schwächer. Der Geruch feuchter Erde dringt mir in die Nase. Ich blicke nach oben und versuche, das Wetter abzuschätzen. Etwas später sehe ich, wie der Himmel im Westen aufreißt und die Sonne durch die Wolken bricht. Tausende Regentropfen glitzern nun in der Sonne. Schließlich sehe ich durch die Baumkronen hindurch einen wunderschönen Regenbogen. Ich stehe da und staune. Regenbögen gehören zu meinen liebsten Naturschauspielen. Selbst wenn man die physikalischen Gesetze kennt, durch die sie entstehen, verlieren sie nichts an ihrer Schönheit. Wenn ich einen Regenbogen sehe, fühle ich jedesmal große Ehrfurcht.

Eine Stelle in der Bibel, die mir stets beim Betrachten eines Regenbogens in den Sinn kommt, steht in 1. Mose 8, 22. Es ist die Szene, in der Noah, seine Familie und alle Tiere, die die große Sintflut überlebt haben, die Arche verlassen, und Gott mit seinen Geschöpfen einen Bund schließt – eine Abmachung, wenn man so will. Gott verspricht: „Solange die Erde steht, soll nicht aufhören Saat und Ernte, Frost und Hitze, Sommer und Winter, Tag und Nacht." Der Regenbogen ist in der biblischen Tradition und bis zum heutigen Tag Gottes ewig gültiges und wunderbares Zeichen für alle Zeiten, dass die Erde fruchtbar sein und das Leben Bestand haben soll, dass auf die Rhythmen der Schöpfung Verlass ist – dass auf Gottes Güte Verlass ist.

Für mich als Bogenschütze versinnbildlicht der Regenbogen noch einen weiteren Aspekt: Nicht zufällig heißt er „Bogen", denn seine Form ähnelt tatsächlich einem waagerecht gehaltenen Bogen. Wird ein Bogen geschossen, wie in früheren Zeiten etwa im Kriegsfall, hält man ihn senkrecht; wird er gelagert, liegt er waagerecht. Der Regenbogen erinnert darum an einen Kriegsbogen, der nicht gebraucht wird; an einen Kriegsbogen, der sozusagen „an den Nagel gehängt" wurde. So gesehen ist der Regenbogen seit alters her zu Recht auch ein Zeichen für Frieden und Gelassenheit. Er verweist darauf, dass die Waffen zur Ruhe kommen, dass der Kampf der Versöhnung weicht. Für einen Bogenschützen wie mich, der dem Pazifismus nahe steht, gibt es kein eindrücklicheres Zeichen des Friedens als einen Regenbogen.

Eine dritte – und vielleicht die spannendste – Traditionslinie im Verständnis des Regenbogens entstammt wiederum den biblischen Schriften: Immer wieder begegnet uns dort die Vorstellung, dass der Regenbogen aufgrund seiner Pracht und Herrlichkeit für die Menschen zum Zeichen der Gegenwart Gottes wird. So heißt es etwa beim Propheten Hesekiel, als er die Herrlichkeit Gottes sieht (Hes 1,28): „Wie der Regenbogen steht in den

Wolken, wenn es geregnet hat, so glänzte es ringsumher. So war die Herrlichkeit des HERRN anzusehen. Und als ich sie gesehen hatte, fiel ich auf mein Angesicht ..." Aber nicht nur im Alten Testament, auch im Neuen Testament findet sich diese Vorstellung: In der Offenbarung des Johannes, dem letzten Buch der Bibel, begegnet sie uns noch einmal. Dort heißt es (in Offb 4,3) über Gott: „Und der da saß, war anzusehen wie der Stein Jaspis und Sarder; und ein Regenbogen war um den Thron, anzusehen wie ein Smaragd." Wer einmal im Freien das Leuchten eines Regenbogens gesehen hat, kann gut nachvollziehen, weshalb die Menschen früherer Zeiten darin einen Widerhall der göttlichen Herrlichkeit gesehen haben; dass ihnen der Regenbogen zum tröstenden und zugleich Ehrfurcht gebietenden Zeichen der Gegenwart Gottes wurde.

Mir geht es jedenfalls so, während ich dort im nachlassenden Regen mit meinem Bogen – den ich waagerecht halte, wie „an den Nagel gehängt" – unter einem Baum stehe und den Regenbogen am Himmel bestaune. Ich kann Gottes Gegenwart um mich herum fast fühlen: Ich höre, wie die Bäume mit ihrem Rauschen Gottes Herrlichkeit loben und preisen. Ich sehe, wie die Schöpfung den frischen Regen gierig aufsaugt und sich Tag für Tag auf Gottes Fürsorge und Güte verlässt. Ich fühle die Kraft des Friedens, die in diesem Augenblick von mir Besitz nimmt und die mich wünschen lässt, diese Erfahrung mit anderen zu teilen.

Beim Bogenschießen

Das Wichtigste beim Bogenschießen ist der Wechsel von Anspannung und Entspannung.
Erst ziehst Du den Bogen aus und brauchst dafür Kraft,
dann lässt Du die Sehne los und schaust dem Pfeil ohne Anstrengung hinterher.

Sei Dir beim Schießen bewusst, dass Dein ganzes Leben diesen Rhythmus braucht.
Erst wenn Du loslässt, hast Du die Hände frei, um wieder etwas Neues zu beginnen.

Für diese Erfahrung brauchst Du Dir keine extra Auszeit zu nehmen.
Im Gegenteil: Dieses Prinzip funktioniert am besten mitten im Alltag.
Hier entfaltet es seine größte Kraft und sein ganzes Potenzial.

Schlusswort

Vielleicht leidet unser Zeitalter unter nichts so sehr wie unter dem Gefühl der Isolation: Wir fühlen uns einsam, ohne Beziehung zu uns selbst, zu unserer Umwelt und unserem Schöpfer. Wir haben vergessen, wie sehr wir darauf angewiesen sind, im Austausch miteinander zu sein.

Beim Bogenschießen in der freien Natur haben wir die Möglichkeit, uns unserer ganzen Geschöpflichkeit zu vergewissern und uns unserer Beziehung zur Schöpfung und zum Schöpfer bewusst zu werden.

Möge dieses kleine Buch vielen Menschen helfen, die Qualität ihres Lebens und ihr Wohlbefinden zu verbessern und ihr Lebensglück zu genießen.

Quellen

Zur Auslegung und zum Impuls für die Meditation zum ersten Schöpfungstag: J. Philip Newell, The Book of Creation. An introduction to Celtic Spirituality, 1999, 3ff.

Zur Auslegung und zum Impuls für die Meditation zum zweiten Schöpfungstag: J. Philip Newell, The Book of Creation. An introduction to Celtic Spirituality, 1999, 19ff.

Zur Auslegung und zum Impuls für die Meditation zum dritten Schöpfungstag: J. Philip Newell, The Book of Creation. An introduction to Celtic Spirituality, 1999, 35ff.

Zur Auslegung und zum Impuls für die Meditation zum vierten Schöpfungstag: J. Philip Newell, The Book of Creation. An introduction to Celtic Spirituality, 1999, 51ff.

Zur Auslegung und zum Impuls für die Meditation zum fünften Schöpfungstag: J. Philip Newell, The Book of Creation. An introduction to Celtic Spirituality, 1999, 67ff.

Zur Auslegung und zum Impuls für die Meditation zum sechsten Schöpfungstag: J. Philip Newell, The Book of Creation. An introduction to Celtic Spirituality, 1999, 83ff.

Zur Auslegung und zum Impuls für die Meditation zum siebten Schöpfungstag: J. Philip Newell, The Book of Creation. An introduction to Celtic Spirituality, 1999, 101ff.